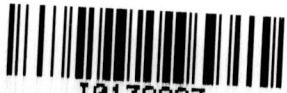

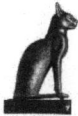

ΑΙΛΟΥΡΟΣ

алексей цветков

SALVA
VERITATE

ailuros publishing
new york
2013

Alexei Tsvetkov
Salva Veritate
Poems

Ailuros Publishing
New York
USA

Подписано в печать 21 сентября 2013.

Редактор Елена Сунцова.
Художник обложки Ирина Глебова.
Фотография Владимира Эфроимсона.

Прочитать и купить книги издательства «Айлурос» можно на его официаль-
ном сайте: **www.elenasuntsova.com**

ISBN 978-1-938781-16-2

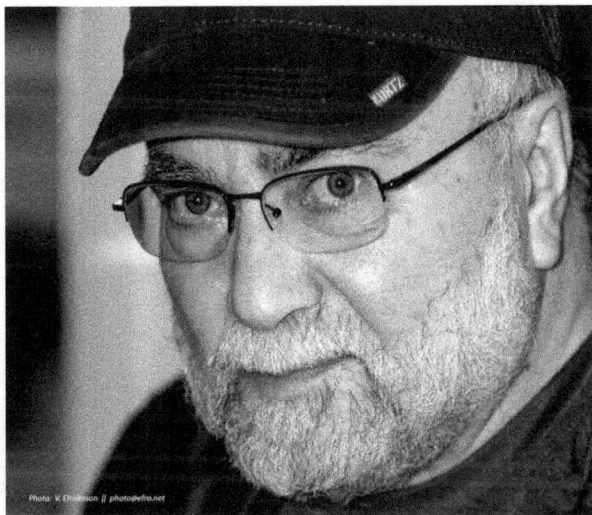

* * *

там ящерицы в точности как мы
встречать своих сбегаются к воротам
и вечности песчаные холмы
усеяны их маленьким народом

в стеклянных подземельях города
припомнит кто без счета проходил их
и монументы ящерицы да
на бронзовых по росту крокодилах

здесь время ветер но и он притих
из глаз и спин мозаика на мили
припоминай в слезах как мы любили
в каком-то из стеклянных из таких

молва и слава медные гроши
где голова за каждый хвост в ответе
и мы с тобой на свадебном портрете
не чудо ли как оба хороши

xix

еще девятнадцать в колонке века
двадцатый в пустую не вписан пока

хрустальные звезды в арденнах видны
и не было этой проклятой войны

в одессе акация не отцвела
весь дрезден в заре хиросима цела

со временем кафка напишет роман
о жизни где видимость все и обман

потом нам платонов расскажет о том
что цель пролетарского рая фантом

но здесь мы еще не предупреждены
и наши любимые не рождены

под линцем убийца пока не подрос
есть время задать неизбежный вопрос

так небо светло и прозрачна вода
зачем же все это случится тогда

гиббон

гораздо в империи тише
оружию смена кайло
написано сим победиши
осталось придумать кого
наследника криспа двенадцати лет
фауста в парной угорела и нет
весь род извела до колена
по слухам маманя елена

но ереси лапы когтисты
над ветхой тарпейской скалой
повержены в прах донатисты
и арию жало долой
другую столицу под знаком креста
он скоро построит он знает места
где море змеится на мили
подальше от западной гнили

вот смерть наступает скотина
угрюмый начальник всего
снимают рабы с константина
багряную робу его
он мчится весь в белом спокоен и свят
где все остальные покойники спят
в гробах словно мичманы в шлюпках
без мыслей о прежних поступках

в иссохшем венце из укропа
как та антигона точь в точь
рыдает над римом европа

империи бывшая дочь
у местных ума ни в едином глазу
заботливо пользует пастырь козу
у ростр где тоскливо и пусто
назвав ее скажем августа

я часто читаю гиббона
открою и диву даюсь
неужто вот так же без стона
падет синеокая русь
ночами повадится гикать сова
где высился спас-на-бассейне-москва
и житель лишившийся пары
августу сведет под амбары

похороны государственного значения

подмяла страну не вообще ли
бессмысленной ночи пята
но нет ли где трещины щели
там мыши хоронят кота

свинцовые молнии в тучах
раскаты по швам тишины
он был несомненно из лучших
навек мы его лишены

к луне как локаторы уши
живот его серый высок
а хвост чтоб не пачкался в луже
возьмем на особый возок

созвездиям пискну со дна я
в последний решительный раз
взгляни мне поглубже родная
в изящные бусины глаз

ведь правда он был богоравен
хотя и на милости скуп
все крысы с фабричных окраин
бестрепетно прыгали в суп

ложились на ломтики тоста
прикрывшись салатным листом
ведь это поэзия просто
как жили мы в дружбе с котом

зачем он безжалостной смертью
отмечен и адским огнем
гуськом за шопеновской медью
заплачем родная о нем

на постном бульоне похлебка
и хлебные створки пусты
лишь взгляд на созвездия робко
лишь в траурных бантах хвосты

элегия с башней и птицей

вообще-то с утра обещали
вещая из нескольких мест
что лето вернется с вещами
но близок повторный арест

однако и этот короткий
возврат не прошел на ура
с порога забрали в колодки
неправду сказали с утра

в окно словно в прорезь колодца
взирая на бег бытия
я верил что лето вернется
напрасно надеялся я

там небо с впечатанной башней
колдует зеницы слезя
нам даже на вечер вчерашний
надеяться больше нельзя

последняя птица в потемках
наотмашь ища где светло
как тщетная память в потомках
влетает в ночное стекло

последний к знобящему вязу
глазами визит обходной
и лета не жалко ни разу
за вычетом птицы одной

зрачку безразлична преграда
под наст и в забвение впасть
где даже прогноза неправда
всей истины точная часть

смерть бахметьева

в последнюю декаду декабря
бахметьев умерев или умря
уютно тлел в положенной могиле
злокачественный рак его убил
не то чтобы он позу полюбил
но прежние досуги не манили

бахметьев мог бы вспомнить будь он жив
останки в гроб еще не уложив
о росте цен и брошенной квартире
а житель бестолковый аноним
роился на поверхности над ним
где эти цены плача но платили

бахметьев был не он и не она
и разве есть у мертвых имена
из организма собственного вынут
он мог бы вспомнить как там дочь и зять
и свой диагноз захотеть узнать
но мертвые диагноза не имут

так рассуждал бы он под шум дерев
умря или возможно умерев
когда бы тот язык который слово
отныне мозгу не был незнаком
совместно с тем телесным языком
который сгнив не отрастает снова

он истлевал и честно был никем
не ел паштет не пил шато д'икем

ни ангелов ни стиксовой ехидны
он не страдал свой уинстон не куря
в последнюю декаду декабря
в стране где декабри не очевидны

любимая взгляни вот так и мы
внутри имея чувства и умы
уляжемся со следующей группой
не шевеля конечностями рук
и будем впредь ни дерево ни жук
ни даже анонимный житель глупый

элегия о раковине

мы собирали раковины на
жемчужном побережье океана
из них мое внимание одна
изяществом сугубым приковала

я знал что в ней существовал червяк
он по линнею был моллюском то есть
но сдох и лучше так как он чем так
как мы закончить жизненную повесть

я грустно осмотрел свои штаны
и выразился на чистейшем русском
сообразив что судьбы не равны
и в ящик веселей сыграть моллюском

поскольку в светлом будущем никто
в своем уме палеонтолог даже
не примется в песке искать пальто
не станет собирать штанов на пляже

пусть червяка не вспомнит ни один
но кто несокрушимую как атом
обдует и положит на камин
подержанную челюсть с имплантатом

ты скажешь селяви но лучше б ты
молчала в тряпочку наступит утро
ни геометрии ни перламутра
от нашей не останется тщеты

четвертая причина

тиран в гробу и велено ему
в непросвещенную убраться тьму
и сборы коротки и срок недолог
береговые искры слепнут вслед
тьма состоит из тысячи иголок
которыми прокалывают свет

он все постиг что было под луной
но человеческая жизнь длиной
в три четверти желанной и трирема
уносит отселенного вперед
живым потомкам в качестве примера
на остров на котором он умрет

он плохо наставлял и сам виной
что должен вслед тирану в мир иной
у каждого объекта по четыре
причины но конечная одна
допустим если первая в стагире
четвертая эвбея и хана

он все что понимал облек в слова
и в сумерки как птица сова
срывается над челюстями шторма
перетирающими в прах тела
у тела есть материя и форма
но есть предел где форма подвела

уже заря на горизонт легла
последняя посмертная игла

баланс подбила с бесполезным светом
его из дыр не выманить опять
он полагал что в силах все понять
но больше он не думает об этом

заклинание музы

а если забыла
на всякий резон паритетного злюку зоила
вокзальных сортиров страну
где в цирке гурьбой присягали слону
позволь ненавязчиво снова об этом
ноябрь после выпуска сорок восьмой
с тем пепельным светом
каморку бок о бок на тумбочке пушкин и гашек
у лобного места шеренгу стальных чебурашек
о муза воспой

мне в русло сливать не с руки
где речь протекла неопрятно
в астапове снова с утра свирепеют сурки
из дюз февраля но в испуге стремятся обратно
и опрометь пращуров русских в саванне
тевтонскими славить словами
не след а своих не протиснешь в гортань
но раз позабыла отстань
но если не вспомнишь подробности в гриме
поземки ментовку в коврове ночлег в костроме
одетыми в снег языками двойными
гурьба присягает зиме

мы солганы сном
как мнимые стейки в советском отделе мясном
сатурну в котомку сыновнее тельце
напой напоследок старуха о тульском умельце
как ружья престол инструктировал чистить в конце
но карлик сатурн в чемпионском трофейном кольце

и вещий боян припадает к заветному литру
впритык к моему ноябрю
ну что же ты сука сними себе с гвоздика цитру
воспой говорю

анально-ретентивный вальс

угрожают что жизнь не подарок
что повсюду господствует зло
а ведь в сущности полный порядок
ретентивно-анальненько все

после первоначального взрыва
в тот священный критический раз
был ведь риск что получится криво
а не ровно как видим сейчас

там где мы и другие микробы
деликатно шагаем в строю
все печально сложиться могло бы
и судьбу бы ругали свою

как огурчик вселенная пышет
после многих попыток и проб
на хоругвях естественно вышит
в светлом нимбе верховный микроб

он дары позволяет природы
остальным собирать по лесам
а простые углеводороды
потребляет фактически сам

чтобы свет из фотонов не вытек
чтобы высились звезд этажи
атом к атому к гаечке винтик
вот зарыли тебя и лежи

в долгий ящик пускаясь на бричке
вечный табель пробив в проходной
вспоминай как дрожали реснички
у прелестной бациллы одной

жизнь была положительной драмой
бюст вздымался и зад был упруг
так зачем же твой сфинктер упрямый
так тревожно сжимается друг

* * *

я был тогда живое существо
но прекратил им быть и что с того

предметы в руки брал и клал назад
рукам теперь предметы не грозят

все целое чему ничто не часть
что значит жить и брать и снова класть

а если целого на свете нет
я может быть и сам теперь предмет

и каждый у кого цела рука
имеет право взять меня пока

и положить и сплюнуть и уйти
чтоб тлен с ладони пемзой отскрести

а я ведь не хотел ему вреда
я только дым я камень я вода

* * *

а васильки говорит чем они лучше ромашек
чувствуя тайный подвох я отвечаю ничем

снова она за свое почему не летают лягушки
или вот память куда прячут ее по ночам

в фауне я не эксперт а о памяти памяти нету
эти вопросы меня вечно заводят в тупик

разве она говорит мы не встречались когда-то
помнишь платформа берлин все что ты мне обещал

что-то с ней сильно не так пора бы шепнуть
                                        персоналу
выбило слабый регистр или замкнуло реле

к счастью часы не стоят и скоро вечерняя смена
что за платформа какой в этом бараке берлин

чтоб микросхемы не греть на ночь нас здесь
                                        отключают
вновь под нагрузку с утра память как совесть чиста

теория восприятия

был в юношестве у меня товарищ
адвербиальный феноменалист
то в сандунах с ним организм попаришь
то вызовешь цыган под звон монист
но все настаивал печальный гений
роняя в блюдо бледное чело
хоть жизнь полна сенсорных ощущений
но не стоит за ними ничего

я был тогда не склонен к этой мысли
и страсть носил немалую в груди
покуда годы лопались и висли
как кое-что сказать не приведи
повсюду жир и в мелких грыжах тело
на подбородке сталактит слюны
и сердце к реализму охладело
какие тут ей богу сандуны

вся роговица в колтунах и зернах
весь шум внутри ушей а не вокруг
одной из видимостей тех сенсорных
боюсь теперь и ты была мой друг
я стал разочарован в чувстве чистом
скептические нынче времена
к адвербиальным феноменалистам
отныне отнесите и меня

26

перепонка

мне примерещилась тогда
друзей и родичей орда
к летейскому болоту
явились мать отец и брат
я совершенно не был рад
такому обороту

одни неясные как сны
другие с этой стороны
под черной ночи полог
но эти были в меньшинстве
ведь жизнь дается а не две
и срок ее недолог

я там увидел одного
я как себя любил его
когда он был на свете
уже лет двадцать как затих
там было несколько живых
но не считались эти

и вроде не было вреда
но слишком плотная орда
от старца до ребенка
они нахлынули гурьбой
теперь меж ними и тобой
все тоньше перепонка

оконный лопнет переплет
и если вдруг на ум придет

обнять любимых снова
по локоть в плоть войдет рука
вот только живы мы пока
но о живых ни слова

* * *

когда я окажусь кем был сначала
в отеческие выплюнут края
умолкнет желчь что в печени стучала
и память будет тоже не моя

допустим даже припаду к истокам
в хрестоматийном перечне зануд
а там вокруг все эти люди скопом
которых я не знаю как зовут

приговоренный к водке и покою
пускай и нынешний не больно лих
куда бежать и как мне быть такому
за столько лет отвыкшему от них

щенок еще вареники в сметану
пуская вплавь в предчувствии вреда
я буду знать возможно кем я стану
которым я не стану никогда

там рыщет зависть виражи сужая
без пропуска наружу и в москву
а память подозрительно чужая
лишь обещалка щелкает в мозгу

мы сняли с этой сыворотки пенку
анализы уплачены врачу
врешь лодочник верни мою копейку
я лучше у причала поторчу

* * *

он был бы автор песен и элегий
но мор скосил а следом рухнул рим
история теперь как свиток пегий
от пятен ненаписанного им

вот и гадай вдоль поколений кто мы
что вырасти могло бы из тебя
пока в неощутимые фантомы
обмен веществ не превратил тела

или вообще прицелишься но мимо
как в атакаме площадной крикун
история несозданного мира
цепочка умолчаний и лакун

вселенная построена из плотно
прижатых слов на них стоит она
а та где сплошь бумажные полотна
без букв пуста и не сотворена

ее под силу заселить любому
умом на миллионы лет подряд
вот только малограмотному богу
поручен человеческий подряд

нас надо было выдумать другими
в высоковольтном закалить огне
но мор въезжает в мир на ламборгини
и третий рим кончается в окне

* * *

объясни питомец птица
каково тебе летится
что бормочешь ты дитя
над поверхностью летя
всюду облачные сфинксы
мрачно монстры на ветру
строят рожи скалят фиксы
нелегко тебе вверху

если кто рожден микробом
канет в пепельную тьму
кто судья ему за гробом
кем воскреснется ему
здесь родня ему не рада
сучья нежить волчья сыть
у кого бы каплю яда
в чашку петри попросить

если жизнь сплошных загадок
и превратностей полна
чем промучиться остаток
для чего тебе она
нет микробу в горе братца
не опора птице лесть
сфинксов бы не испугаться
ужас камешком заесть

отсрочка

в канун последнего суда
под звуки вальса
но суд по сути был всегда
он состоялся

другим сильнее повезло
а нам в отместку
за вальс забыли как назло
вручить повестку

их выводили из тюрьмы
по хрусту наста
а неувязка в том что мы
танцуем часто

последней радости глоток
смакуем свято
забыв про высохший поток
иосафата

поди в глаза его узнай
когда в окне сам
прекрасный голубой дунай
под венским лесом

мы стая дураков и дур
стальные пятки
вот только спляшем этот тур
и все в порядке

предстанем строем у стены
глупы и голы
в расстрельный лист занесены
и в протоколы

когда темно

отслюнивал пока не стало сто
вертел слова на языке как бревна
терпел себе когда стемнеет все
стемнело чересчур правдоподобно

к полуночи от слипшихся речей
фарватер из гортани фиолетов
остались только эти сто ничем
впотьмах не обозначенных предметов

но подпирала нёбо вертикаль
уму пищеварения подарок
из скважины под буром вытекал
на грунт просроченный миропорядок

с натекших глаз он виделся ему
в крови но кровь черты с предметов стерла
и пер на слух в густеющую тьму
с надсадным треском лесосплав из горла

напрасно льнут плотовщики с челна
к ночной воде удить заначку детям
все кончено вода насквозь черна
венозная и что поделать с этим

с тем кто над руслом встал из микросхем
обдолбанный на перепутье витязь
последний сон изобразили всем
вот только что проснуться не проситесь

окказионалистическая лирическая

под житомиром ежи
дружелюбны и свежи
хорошо гулять держа
в каждой пригоршне ежа
а в торжке неутомимо
боевые барсуки
майна-вира пианино
на поверхность из реки

так пожалуй было раньше
а теперь не докричим
до небес где бог мальбранша
слесарь следствий и причин
горний царь над праотцами
он концы сведет с концами
вместе с ангельской братвой
глядь отыщется и твой

дед давно рассудком гибок
в сапоге разводит рыбок
наша бабушка осла
из ашана принесла
рябь весенняя на рыле
вот и первые моржи
предварительно открыли
глазки синие во ржи
их вплетают человечки
себе в венчики и вот
пианино вдоль по речке
пианиссимо плывет

элегия о плюшевом медведе

скажи молва премудрый гугль ответь
куда уходит плюшевый медведь
когда на нем повреждена обшивка
когда спина от старости бела
и ясен пень что жизнь была ошибка
а может быть и вовсе не была
повыпадали бусины из глаз
скажи зачем он покидает нас

под топчаном где старческий приют
он молча ждал пока за ним придут
вот он еще у выхода толчется
надорванную лапу волоча
а дальше царство вечности начнется
всех плюшевых и мягких палача
застынет на устах последний смех
где куклам рай где ад медведей всех

сесть в комнате где раньше жил медведь
и вслед ему немного пореветь
вот ящик где была его квартира
но там он не появится опять
ужели мастер всех игрушек мира
не в силах нас подшить и подлатать
ужели прежних лап собрать нельзя
или нашарить на полу глаза

* * *

к чьим ландшафтам душа пристрастна
ей и с теми порвать пора
эти снежные сны пространства
эти брейгелевы поля
где насупится сельский сумрак
и накинется тем лютей
предвечерняя чистка суток
если с крапинками людей

лопасть льда в человечьей саже
летаргический звон сурка
в зимнем гробике но не вся же
так презрительна к ним судьба
чтоб редели ряды народа
и снежинки во рту горьки
где душе норовить в ворота
прижимая к груди коньки

либо тенью по насту либо
юрко в сумрак и вся молва
помнишь как хорошо там было
но прошло если взгляд с холма
доля олова в том свинце ли
и латунь если спеть смогу
поточней чем в ночном прицеле
у охотника на снегу

* * *

пусть это будет старый новый год
с тем опытом что на ту пору нажит
пусть на тахту замшелый ляжет кот
куда он больше никогда не ляжет

в гостиной елки пыльная метла
слеза стекла на лапе как помарка
в своем глазу она давно мертва
но им с котом еще тянуть до марта

и кот встает его зовут дела
он крен дает под бременем артрита
на брюхе шрам пылает где была
резекция и шерсть еще обрита

теперь смотри отсюда что почем
очки на плешь колени к подбородку
в той точке времени куда ручьем
стекали с плеском годы под решетку

ах елочка недолгих снов дружок
когда в фольге сиял орех на ленте
пружина бакелитовый кружок
с девичьими алло в ассортименте

прибор умолк и слух простыл о том
столетье в рытом бархате и вате
пора прошла а кто в ней был котом
снят с должности и обходной на вахте

отныне память мозгу не слуга
ей пофигу откуда и куда ты
пусть склеивает сутки в слой слюна
и свернутая кровь скрепляет даты

нам позарез к весне вернуться в лес
на хвойный старт откуда елка родом
где снег в глаза и мгла наперевес
куда твой кот уходит вместе с годом

поучение другу

случаются в мире порой чудеса
их список исчислишь нескоро
но самое главное чудо лиса
любому понятно без спора
в чьем логове хвостики славных лисят
в уютных потемках как свечки висят

а может быть лучшее чудо жуки
в зигзаге парения резком
которые в воздух взлетают с руки
слепя своим хромовым блеском
на каждое счастье в листве по жуку
и смелется каждое горе в муку

простых земноводных и то уважай
любых насекомых не хуже
весенних лягушек густой урожай
в любой неожиданной луже
моль по сердцу моли казаху казах
лягушка шедевр в беспристрастных глазах

мы зря безобидных животных жуем
давно постеснялись бы сами
за то что они обитают живьем
и делятся радостью с нами
жука поднося плотоядно ко рту
помедли и вспомни мою правоту

ктесифон

жеребцы из-под панцирных шкур источали пар
вверх по тигру на ктесифон пустовала трасса
мы лелеяли древнюю в лагере возле карр
мысль о мести за злое золото в глотке красса
в том конце где ночь распрямляет свой млечный хвост
и светила вразброд без паруса и кормила
нас покинул последний кто помнил устройство звезд
иерархию сфер и другие секреты мира
пал под пикой засланца распятого мертвеца
кто имперской славой бредил нощно и денно
чей холодный огонь не умел зажигать сердца
только в тесном своем до конца пламенел отдельно
ни родного на тысячу миль очага ни родни
он оставил нас мы теперь среди них одни

не подмога огню рука непорочной жены
и жрецу праматери в космосе одиноко
алтари повержены храмы сокрушены
понапрасну пялится в тучи этрусский дока
мы испили до дна ледяную реку стыда
за того кто уже невредим за порогом боли
это был наш последний бросок наш марш навсегда
и под пиками падали в пепел былые боги
этим темным теперь в колизеях шугавшим львов
повергавшим без жалости навзничь наши кумиры
добровольных рабов перетрусивших душ улов
чем стервятников предки на пыльных полях кормили
как на пленке петлей умирает в который раз
отомщенный траяном но преданный нами красс

но и нам в запредельных полях пора суждена
перетерпится смерть и спадет пелена обмана
над невидимым небом поруганная страна
распростерта опять от инда до стен адриана
мы встаем из-под плит чтобы слава не умерла
за предвечной чертой где у них в головах пробелы
и невидимый им вексиллярий вносит орла
сквозь колонны курии к алтарю победы
прежде золото глоткой затем из зрачков лучи
иерархия сфер но и пращурам здесь не враг ты
плодоносит лоза до земли срывай и топчи
мир где месивом персы мессии и катафракты
в колеснице света кесарь въезжает в рим
он командует нам горите и мы горим

прогноз погоды

траве ли теперь на лугу не расти
и песней не тешиться спетой
которой из жизней ты скажешь прости
из мыслимых если не этой

из прожитой части не вычесть ни дня
пейзаж не в укор фотоснимку
на свете где атому атом родня
и время с пространством в обнимку

воронам по крови вороны милы
любовь исключительный метод
возможно что есть и другие миры
но вспомним на выходе этот

спасибо что ширится к устью река
светил преломляя орбиты
пенять ли на то что была коротка
раз нет ни вины ни обиды

мы розницы ждали а выдали весь
комплект и под занавес взвесьте
в которой из жизней не прожитых здесь
мы были бы счастливы вместе

пусть многим в ненастье за ворот текло
и хворей морочила свора
спасибо что все-таки было тепло
раз холодно будет так скоро

разоблачение

стекло в летаргической стуже
последний рассудок прости
о смене сезонов снаружи
на сцене поют травести
внимая фальцетному звуку
немалые чувства тая
я трогаю чью-нибудь руку
приснилось что вроде твоя
а это шпаклеванный ватой
слезящийся выщерил взгляд
зобатый в летах завсегдатай
я быстренько руку назад
тут часики вскачь точно зайчик по кочкам
и тетка в фойе со звоночком

а облачность плотно слоиста
в прогнозе дожди и снега
лучится в глаза у солиста
в развесистом ухе серьга
одетые в женскую форму
поют животы напоказ
о том что житейскому шторму
подвластен телесный баркас
проступят на корпусе пятна
стыда привселюдная месть
и каждому станет понятно
что я завсегдатай и есть
спасаться в наружную стужу и грязь
вслепую проходом и замертво хрясь
на скользкое дно городского колодца
аж тетка в фойе чертыхнется

жизнь и судьба

он находил грибы в лесу и ел их
речную пойму вытоптал на треть
а то что часто не хватало белых
не удивляло он ведь был медведь
лес был всегда прибежище и замок
а дачники всех белых едоки
гитарным визгом распаляли самок
на вылазке воскресной у реки

в барсучьей стороне под кровлей птичьей
всей шкурой хрупкий пробуя уют
он чувствовал что от людей практичней
поглубже в лес неровен час убьют
к противным притираются соседям
привык и он под плеск гитарных струй
тяжелый крест на свете быть медведем
но кем родился тем и существуй

он засыпал под кронами в омелах
впадал в тоску под утро оттого
что снились добрые леса где белых
полно а мудаков ни одного
но мужественно жил терпел не плача
бестрепетны звериные сердца
кому судьбой не выстроена дача
медведем быть задача до конца

время вперед

в краю миражей и преданий
возник из тумана завод
мертвец человека недавний
и тот из берлоги встает

он справился с прежней одышкой
без задницы вислой легко
и бережно держит подмышкой
видавшее виды лицо

а виды признаться не очень
пейзаж очевидцу немил
мертвец этот девушкой впрочем
в минувшем столетии был

точил на заводе детали
и книжки читал до зари
пока себе в скирды метали
в полях урожай косари

и что же он спросите видит
мертвец этот то есть она
какой себе сделает вывод
во что превратилась страна

гондоны кругом и какашки
в стекле и жестянках река
а парень в нарядной рубашке
цслует взасос мужика

в цеху на току и по зонам
на брата вскарабкался брат
хоть борется с этим позором
в госдуме седой депутат

не сеем уже и не пашем
не строим мостов и метра
в натруженном сормове нашем
содом и гоморра с утра

и черепом горько рыдая
что нет ей шеренги в строю
обратно мертвец молодая
ложится в берлогу свою

коль нет в воскресении толка
пусть черви пируют в груди
лежи про запас комсомолка
еще раскопаем поди

* * *

однажды в проем продвигая дверной
свое немудрящее рыло
я понял что не было в жизни со мной
того что я думал что было

что в буркалах этих и в этой спине
в прыщах из-под стираной майки
есть многое то что не свойственно мне
а все что мне свойственно байки

я в жизни к прискорбию кто-то другой
себе идентичен не очень
и ввел в заблуждение этой пургой
приличных людей между прочим

пусть пакостный сон но какие же в нем
тупые сюжеты приснятся
и как в этом факте гори он огнем
друзьям и знакомым признаться

одно утешенье что этот урод
житейской крадущийся чащей
в положенный час за меня и умрет
а вовсе не я настоящий

я зря изводил километры чернил
в ущерб своему легковерью
но рыло ему как умел прищемил
попавшейся под руку дверью

конспект ангины

детство динозавра бледный кофе котлета
в гречневой буре вчерашний фонарик в ящик
стола это подневольный завтрак атлета
грядущей мысли блудного сына трудящих-
ся заданный на дом пржевальский суетливо
с казачком для частной беседы юркнул в юрту
время решать либо с ангиной в койку либо
в школу пририсовывать усы каракурту
долгая ловля в каше реликтовых рыб
кто отличник тому полагается гриб

выбираем ангину острый отпуск в потной
летаргии участковый доктор гораздо
уступчивей школьного отпустил народ мой
прочь из земли египетской из дома рабства
пересадка пржевальских усов без наркоза
арахниду восемь глаз в горле не померкли
восемь чутких копыт но эстафету проза
передает поэзии смерть пионерки
все оказывается способно простыми
словами жил и вымер обиняком в лоб ли
проболеть еще восемь лет пустыни
каракурт под седлом скорпиону оглобли
ослепит песок но перспектива черна
в чреве пространственно-временного червя

стансы с коротким периодом полураспада

стихотворение умрет
оно исчезнет скоро
когда продвинется вперед
безлюдных суток свора

или с людьми но просто блядь
прочь отомрут повадки
что нас толкали расставлять
слова в таком порядке

и как же выдюжить тогда
ремесленнику песен
коль скоро этот род труда
в потомстве бесполезен

в нанайской истовой борьбе
когда кругом потемки
мы сами навсегда себе
и предки и потомки

камлать не открывая глаз
самой работы ради
как будто время все сейчас
не спереди и сзади

дать голос камню и скоту
принять такие позы
как будто все не в пустоту
а для добра и пользы

* * *

он рассказал что там у них внизу
есть галерея лиц и эти лица
свисают с веток в призрачном лесу
как сон который никому не снится
архив моделей древних глин замес
порожних матриц прошлая затрата
и каждый выселенный в этот лес
узнает в каждой друга или брата
поскольку здесь извлечены из тьмы
на высвеченном как луна манеже
не то чтобы одни и те же мы
но для других всегда одни и те же
в пределах этой временной луны
поверх плеча в последний раз отмечу
короткую дистанцию любви
а дальше лес и гроздья глаз навстречу
но в них уже ни горя ни вреда
мне лодочник рассказывал об этом
пока он отвозил меня туда
откуда возвращенье под запретом

* * *

в этой местности мозга
отведенной живому огню
с барельефами воска
где я трут и огниво храню
световая сирена
накрывала окрестности встарь
но искра отсырела
но в трясине увяз инвентарь

с предпоследнего лета
по колено в кисельной воде
а без верхнего света
фитиля не нащупать нигде
в лабиринте кромешно
носом в стену и юшку утри
и ведь помнишь конечно
как горело годами внутри

нынче время пожара
поскорей керосин и дрова
чтоб от жара дрожала
в золотых языках голова
чтобы с лавой роднило
где из кратера в горсти берем
раз уж трут и огниво
не сыскать по углам с фонарем

офорт

дежурные в аспидной жиже
будильники утром грозят
но кажется утро не ближе
чем час или сутки назад
ввинтили картину в глазницы ко мне
с ночным человеком в оконной кайме

застенчивый контур на черном
над мертвенным шаром метро
зачем он теперь и о чем он
ему не напомнит никто
лишь голые щупальца лип на ветру
ночным человеком играют вверху

чужим в назидание судьбам
свою предпочесть мудрено
давайте ему дорисуем
жену и собаку в окно
чтоб были под утро к больному милы
но нету у бога счастливой иглы

у бога на башенном кране
светляк обозначил стрелу
не я ли в похмельной нирване
скулой прирастаю к стеклу
в протертой суставами шкуре людской
себя созерцающий сверху с тоской

певцы

л. рубинштейну

страна в перманентном упадке
и дыбом окурки из блюд
в осеннем потрепанном парке
за столиком люди поют

над ними то солнце восходит
то сумрак клубится слоист
но тенором страстным выводит
мотив самопальный солист

в словесной мучительной пряже
тоска и любовь напролет
возможно и выпили даже
а кто под закуску не пьет

история расы вскипает
в стенаниях или мольбах
и хор постепенно вступает
аж пучатся жилы на лбах

о том ли что воин на фронте
и баба всплакнула о нем
народное горе не троньте
гори оно синим огнем

поют о последнем патроне
о шуме в ночном камыше
хоть нет у солиста гармони
гармонии уйма в душе

не сам ли хоть не паваротти
еще до нисшествия тьмы
я был этой плотью от плоти
такими как эти людьми

свидетель их нивам и водам
не нильский же впрямь крокодил
я был этим певчим народом
в такой уж пардон угодил

и песен над пивом и пеной
всю норму отпел до хрена
а что до страны невъебенной
ступай она лесом страна

верея

в верее ровесник рома
вред выпаривал из грома
правил брагу из грозы
веселело нам в разы
а наутро за грибами
если не было дождя
днем в крыжовнике дремали
сил на отдых не щадя
положительная смета
сердцу маленький укол
то ли таня то ли света
он тогда ее увел

все одно ушла бы таня
трудно жить друзей не раня
в царстве леса и воды
я в израиль и лады
муж с женой жена при муже
в доме радость и вино
но потом гораздо хуже
вышло в жизни у него
утром выскочил на яве
не заметил что флажки
в черной выбоине-яме
труп гаишники нашли

помню местность и народец
в недра воткнутый колодец
накрест вилы и топор
время прожито с тех пор

света ясно тотчас замуж
двери настежь и в москву
для чего мне эта залежь
лишней памяти в мозгу
на березе ли раките ль
роспись кровью на коре
мертвых молний укротитель
мой товарищ в верее

* * *

которая сперва стояла слева
и видит вдруг что тучи развели
но там в щели не оказалось неба
а под ногой простыл и след земли

оторопев мы будто по команде
испуганно застыли на весу
как сбитые с баланса на канате
меж двух провалов сверху и внизу

и мысль сама от слабости провисла
стекая словно воздух в решето
а слово слева не имеет смысла
и справа смысла тоже лишено

сон состоял из тени и подсветок
но совестью истек или стыдом
и только неба жальче напоследок
чем почвы где дымил сиротский дом

судьба струной меж двух пустот продетой
в дыру вестибулярную свела
за что весь спрос теперь конечно с этой
кто сле кто спра которая сперва

песня тоски по родине

стояла во поле ракита
сучила ветками вовсю
под ней сидел хрущев никита
он был сергеич по отцу

сидел румяный как картинка
избранник сердца всей душой
и пил при этом из ботинка
один напиток небольшой

а мимо шла как бы из душа
хоть бюст на площадь выноси
должно быть фурцева катюша
кариатида всей руси

и говорит сергеич кате
мол есть зеленка или йод
она в ответ спокойно нате
из-под халата достает

помазав место поврежденья
она сочувствует вождю
пересажу вас лучше в тень я
чтобы не вымокнуть дождю

он ей ответил что булганин
ему слегка помял скулу
но что намерен хоть и ранен
поддержку оказать селу

а тут как раз возьми гагарин
и с песней в космос улети
был кате страшно благодарен
хрущев за встречу на пути

министром кажется культуры
назначил царственной рукой
и женской знатоки фактуры
почин одобрили такой

в ту пору свеклы расцветали
в термометрах ревела ртуть
и всевозможные медали
дояркам вешали на грудь

поспела вовремя капуста
водились курицы порой
и монументик в виде бюста
в аллее славы кто герой

но все же крепла оборона
журили жуликов в суде
шуми ракитовая крона
гори зеленка на скуле

ХОЛОДИЛЬНИК

отслезив глаза в сигаретном дыме
в том краю стократ
после всех котлет мы садились к дыне
мать с отцом и брат

за спиной фреоном бурлил саратов
из тщедушных сил
и магнитофон с польским роком братов
из-за стенки выл

но еще услышу о чем народ мой
если весь замру
говорила мать что воды холодной
пить нельзя в жару

потому об этом весь день с утра я
что в кругу планет
больше нет на свете такого края
никакого нет

где со зноем один на один машинка
как в болотах танк
ресторан днипро сигареты шипка
желтизна фаланг

каждый день если небо придавит тонной
псу под хвост труды
каждый божий раз когда вдруг студеной
отхлебнешь воды

репортаж с титаника

мне разные глупости снятся вот вспомню одну
покуда о первой не вышибла память вторая
как будто мы сняли штаны и гуляем по дну
в букеты медуз и тропических рыб собирая

и как подобает за этой работой поем
но голос долой или слух отключили у тела
не хором выходит а каждый взахлеб о своем
о всякой херне что за долгую жизнь накипела

похоже на комикс и в нем пузырьками слова
лицо запрокинешь где строй этих литер неровен
но ластиком ловким сотрет его рыбья братва
в сюжете где видящий сам себе бэтмен и робин

мы этот язык наяву не встречали нигде
должно быть когнат безответного пения в душе
и станем теперь в необъятной скитаться воде
без слуха и слова как встарь с пацанами на суше

по сути парнас наизнанку до сноса основ
сквозь линзу поверхности звезд отголосок неонов
немая и мокрая вечность где все без штанов
с букетами рыб и в венках из морских анемонов

когда просыпаешься с мысленной рыбой внутри
и репу чесать плавниками пытаешься тупо
стихи это истинно те же во рту пузыри
весь воздух вода и начинка японского супа

искупление

л. херсонской

решено напишу о медведях
разошлю им для верности весть
в неевклидовых вихрях и нетях
где медведи духовные есть

тех валдайских империй сатрапы
из которых пространство росло
вроде лучших из нас косолапы
лишний раз аттестуя родство

[а не поросль двуногих кретинов
к чьим поступкам природа тверда
как кирилл например анкудинов
цирковой из майкопа балда]

в перелески небес и суглинки
отступили и встреч не сулят
эти урсусы и урсулинки
и косматых косяк урсулят

если точные буквы и числа
начертаем на тверди огнем
мы доищемся в космосе смысла
и медведей творенью вернем

может нынче мессия медвежий
сколько в мире греха ни возьми
среди окских пустых побережий
за собратьев ложится костьми

два пронизанных тернием уха
у подножья барсук и лиса
шагом марш за медведями духа
в обретенного рая леса

над евфратским стремительным устьем
сквозь рычанье прорежется речь
и у входа сам шишкин допустим
им отдаст подобающий меч

* * *

дома в офисе на даче
вьется времечко угрем
мы не в силах жить иначе
чем как будто не умрем
ждем обещанного лета
лечь в саду и сладко спать
а конец простите света
подбирается как тать
я как раз прочел в фейсбуке
все ж френды не дураки
все случится по науке
или ровно вопреки
как мешком накроет пыльным
почту школу и завод
все что помнили по фильмам
наяву произойдет
то ли жизнь блеснет как фикса
в озорные вечера
то ли есть в бозоне хиггса
неучтенная дыра
в каспий зря стремится волга
больше ей туда не впасть
пожил я довольно долго
и еще бы пожил всласть
дни смешались как окрошка
как соломинки в стогу
лучше сяду у окошка
в блюдце денежки сожгу
село солнце за бугром там
и не встанет поутру

все написано экспромтом
извините если вру

* * *

гераклит лежит на пляже
как курортный идиот
он в одну и ту же даже
воду толком не войдет

тяги нет к вину и телкам
чай не лодочник захар
все его прозвали темным
за тропический загар

в несусветных мыслях роясь
словеса сплетает в нить
проникает в самый логос
но не может объяснить

тайны звезд и бездны ада
все постиг наперечет
но записывать не надо
потому что все течет

он лежит дыша неровно
полон пламенных идей
древних греков поголовно
не считает за людей

ведь чело ему венчала
в духе истина сама
а захар кричит с причала
поудить зовет сома

но ему отвлечься жалко
члены гением свело
на хрена ему рыбалка
раз война отец всего

вот уже на пляже тесно
он скрывается в кустах
древнегреческая песня
остывает на устах

* * *

в тучах песенка грача
по траве течет моча
под раскидистой маслиной
диоген сидит дроча

в мире истина фантом
да и ту сыскать с трудом
по расчетам диогена
вся вселенная дурдом

философия проста
правда с чистого листа
конопли и девок вволю
надо только знать места

приходил один с мечом
спор затеял ни о чем
попросил посторониться
чуть не въехал кирпичом

в царстве мудрости покой
меч у лоха под рукой
диоген хотя и циник
но поверьте не такой

чем ходить вернее лечь
холода разгонит печь
если лето неизбежно
печью проще пренебречь

кто за выручкой в минфин
кто к буфету где графин
раздает сестра таблетки
грустным жителям афин

на четвертом этаже
видно девку в неглиже
знал бы правду жил бы в бочке
всем спасибо я уже

морская прогулка

он вышел к морю и стоял смотря
как юнги выбирали якоря
цепь исходила воем окаянным
и шкипер проворачивал штурвал
а море разливалось океаном
и было им но берег пустовал

у этих юнг проворных на борту
мелькнули когти и клыки во рту
придав ему подобие улыбки
а руки не сжимались в кулаки
он знал масштабы риска но убытки
на суше были слишком велики

в тот раз он вышел к пирсу из страны
где смыслы и слова истреблены
ни рощи на обветренных обрывах
с разгона волны в сланец или гнейс
он ничего о чайках или рыбах
не знал и это был последний рейс

в стремлении на север или юг
он пренебрег улыбкой этих юнг
хоть вопреки просоленному ветру
и февралю его бросало в пот
он вдруг стянул картуз и поднял кверху
там поняли и вмиг спустили бот

он груде гнейса прошептал адью
и шкипер устремил свою ладью

навстречу немигающему блеску
пропасть навек в космической глуши
где все мертво на кабельтовы в бездну
но и до небосвода ни души

юбилейное

вдоль насыпи в кустах прожектор с вышки
страна снаружи в сумерки пуста
попутчик рассовал по рангам фишки
и вдумчиво ушел за полвиста

что стало с населением окрестным
зачем печаль на жителей скупа
здесь слишком часто с ордером арестным
их навещала заполночь судьба

вбивали в план пуды и тонны вала
и монументов свору возвели
но выживших с тех пор осталось мало
не приподнять народа от земли

когда еще на звук стреляла стража
когда мой поезд ездил под столом
там в кунцеве где перекресток страха
околевал на даче костолом

на трубной чернь о милости молила
бил паралич кровоточила речь
но вся страна с тех пор его могила
нет места в грунте мертвому прилечь

чем ночь длинней тем память в ней короче
не бог весть что в итоге за чины
мы спрятались в купе и пишем сочи
из всей истории исключены

задернув шторой ночь где крылья кармы
расправленные плещут над страной
я струсившему открываю карты
чтоб третьего оставить без одной

мы милостей не ждали от погоды
и трупный ветер выл над полотном
на аркалык где вышки-пешеходы
сбивались в стаю под моим окном

духовная стезя

когда поднимал нас в атаку комбат
который нам был вместо папы
мы верили все что небесный вомбат
над ним простирал свои лапы

когда мы стерпев повороты судьбы
в бору находили опята
то все понимали что эти грибы
священный подарок вомбата

но мне в этом гимне борьбы и труда
фальшивая чудилась нота
я был убежден что вомбат ерунда
а милость душе от енота

я смолоду был горделив и упрям
чуть искоса глянут и к ножнам
и дерзкая мысль подступала к кудрям
об этом еноте возможном

но к старости стремя менять недосуг
порой не представится случай
я снова смирился барсук так барсук
и дух над полями барсучий

мерещится смертная в мыслях межа
а все же беда не согнула
и словно воочию видишь ежа
в лучах над флажком есаула

досмотр

по дороге катится коляска
за верстой мотается верста
в тесном ящике в канун коллапса
волновая функция кота

ящик на коленях пассажирки
есть еще багажные места
бедный мурзик где твои ужимки
боевая выправка хвоста

пассажирка ищет тайных знаков
проверяет карму и астрал
шредингер один из австрияков
женщину коварно разыграл

больше барсик не играет с мышкой
и к ногам не ластится как дым
спит суперпозиция под крышкой
дохлого животного с живым

кот ни жив ни мертв в своей гробнице
символ всех находок и пропаж
вот и к государственной границе
подъезжает скорбный экипаж

вся в слезах к таможеннику дама
он же в настроении крутом
беспардонным лезвием оккама
сносит крышку с ящика с котом

здесь тактично пропустить страницу
сколько слез на физику ни трать
лучше нам не ездить за границу
и котов возлюбленных не брать

грустно завершается однако
пагубной науки эпизод
кто из нас не павлову собака
то уж точно шредингеру кот

автоэпитафия

в безбрежной крапиве ржавеет подкова
с передних копыт алексея цветкова
косая и стертая не по летам
инструкцию к ней написал мандельштам

изгладил прогресс колесо и полоску
где бурей в кювет оттащило повозку
в сажень высотой проросли деревца
сквозь мчащийся навзничь скелет жеребца

с обочины в чащу стремительным юзом
не сладив с последним трагическим грузом
в пробирку посмертную славу сольют
что мимо ни мышь то скелету салют

небесная ширь и присутствие леса
пусть служат намеком на тщетность прогресса
наглядным уроком истории всей
что был ненадолго такой алексей

кто пробовал всплыть над стрекающей бездной
на время останется вещью железной
но вскоре и эту накроет волна
в борьбе с кислородом падет и она

элегия о воде

несмываемый факт что офелия
из неона была или гелия
как свинцового воздуха груда
нависающий клавдий над ней
а вдова его брата гертруда
вся скелет из болотных огней

те ли нам примерещились эти ли
ненадежны слепые свидетели
не учите меня ну вас к бесу
из микробов слагая слона
что шекспир написал эту пьесу
только химия пишет сама

стала слабость предсмертным посредником
меж норвежским и датским наследником
частной дичью собачьей личинкой
в невозвратных своих плавниках
сколько в сумерки спичкой ни чиркай
не зажечь этой свечки никак

поздно мертвых лечить от безумия
но в мозгу известковая мумия
если вычерпать неводом омут
лишь калошу обрящешь одну
благородные газы не тонут
ни один не прорвался ко дну

мы под шпагами пали под пулями
и в каких только рвах не тонули мы

а наградой за кровь только эта
невозможному принцу жена
в спектроскопе и скудно одета
залюбуешься как сложена

qualia

когда я умер не было меня
я больше не был предусмотрен в смете
во всей округе не было ни дня
в котором я существовал на свете

один беспамятный провал и в нем
ни грамма очевидности упругой
длину чего считать отныне днем
и что в уме именовать округой

епископ беркли утверждал что бог
в мое отсутствие возьмет немного
вселенной на баланс но он не мог
обосновать существованье бога

давай покуда нас в помине нет
и шансов дальше ноль начнем стараться
восстановить по калькам белый свет
его чертам не позволять стираться

пусть остается сад под небеса
всей отшумевшей зелени разлука
лесной пожар коварный как лиса
и смерть в лесу и сон в саду без звука

давай долбить в помине тесной тьмы
туннель простой реальности на мили
как бы метро хоть мы не бог но мы
по крайней мере тем сильней что были

и вспоминать заклепывая швы
опалубки всем жребием напрасным
как искренне мы на зеленый шли
как мы стояли насмерть перед красным

закат империи

цинциннат ходил за плугом
не жалея слабых жил
он плебеям не был другом
он патрицием служил

но лишь эквы или вольски
показали свой оскал
отличился в римском войске
и с победой должность сдал

легендарный этот случай
тем в истории хорош
что примером к жизни лучшей
нам не служит ни на грош

а которых выдвигает
нам в спасители страна
тем латынь не помогает
букв не помнят ни хрена

наш тиран тупой и серый
чешет граблями в паху
на плече наколка север
с тусклым солнышком вверху

хоть китай зови хоть нато
нет управы на мудил
нет в запасе цинцинната
чтобы вольсков победил

батарея

на вершине в лишайнике замок
небосвод над донжоном свинцов
там табун человеческих самок
с соразмерным комплектом самцов

все в плену в положении глупом
и к воротам напрасен визит
серый призрак над облачным супом
словно кость вековая висит

здесь не суйся к невольным подругам
с детородным устройством своим
не под силу на ложе упругом
в этой фазе размножиться им

ни травинки у рва ни ракиты
ни оленей в лесу ни лосей
потому что природой забыты
быстрой смертью и вечностью всей

не для секса сеньора раздета
не о шустрой сопернице спор
просто ей под шнуровкой корсета
батарею меняет сеньор

пол в пыли под решетчатым светом
и пустуют от снеди столы
в табакерке с простым менуэтом
на вершине последней скалы

рассуждение о методе

как-то в самом устье марта в день рождения декарта
в центре пасмурного квинса без работы и семьи
в транс впадал я понемножку окуная в кофе ложку
вспоминал жену и кошку жизни снятые слои
и расслышал как бы мысли безотчетные свои
вслух je pense donc je suis

дождик шел на свете мелко на окошке грызла белка
скорлупу покуда время у станка сучило нить
но над дверью было пусто ни тебе паллады бюста
бюстов здесь давно не густо лоб поэту преклонить
кто французскими словами в ком вообще такая прыть
молвил мыслить значит быть

верх ли глуп наивен низ ли сам я чужд малейшей
                                                    мысли
существую но не слишком без глубоководных дум
грустно истине отныне повтори хоть на латыни
сын беслана и катыни белке сват и сойке кум
что за чертова загвоздка кто вонзил в звериный ум
cogito мол ergo sum

думать лишнего не надо нас покинула паллада
и сова ее в чернилах растворилась не спеша
вреден легким шведский климат найден труп и чисто
                                                    вымыт
жизни мертвые не имут а казалась хороша
даром что ее в разлуке коротали кореша
наше тело и душа

лучше жить в дождливом трансе в квинсе c'est ce que
je pense
демон демону сигналы шлет на спрятанной волне
поздравлять реальность рано смертный ум юдоль
тумана
от повторного обмана вред философу вдвойне
есть лишь слабая надежда что в большом загробном сне
все исправится рене

царская прогулка

государь выезжает на площади и в сады
в орденах до бровей и гвардейском прикиде свежем
благодарные русские рыбы из невской воды
с кружевными платочками в лапках вслед за кортежем
остальная растительность истово вдоль реки
рукотворцы христа спасителя и транссиба
на мышах от юдашкина форменные армяки
из которых летучим конкретное всем спасибо
троекратную рявкнут осанну и вся недолга
и монарх моноклем сверкнет молодца ребята
в золотой портупее за ним товарищ яга
и товарищ кощей и другие светила сената
но увы за кустом нигилист все устои прочь
мечет мину в царя и мир покрывает ночь

государь громоздится в пролетку в повторный раз
сплошь титаном обшит чтобы публика не шалила
у него храповые колесики вместо глаз
и нога наотлет где сорвало шпонку шарнира
креатив обрастает лайками первый нах
в каждом горле ура и во всякую пасть по водке
уцелевшей ногой государь привстал в стременах
впрочем вру ради рифмы зачем стремена пролетке
ход истории выправлен время не вон из рук
все как встарь на валдае и подданные поддаты
но опять этой адской машинки внезапный звук
ордена в окрошку в багровый кисель солдаты
мы по пояс из грунта ботвой трудовой народ
нас мутит от восторга а многих почтительно рвет

состоим под надзором карательного полка
эту честь получали от власти уже не раз мы
государь в голове он лишь дерзкий проект пока
но алмазные зубы верняк и глаза из плазмы
фоторобот в пролетке в задумчивых тучах чело
а с запятков стреляет очами народный отчим
по обочинам где бы орде обустроить чего
обустроим блядь чтобы блядь неповадно прочим
то ли регент в брегете милорд иглы и яйца
то ли мать героина чья вечность метла и ступа
вот кому посвятим в промежутке наши сердца
и другие органы не покладая трупа
с ними космос наш как бы ни был далек и мглист
в чистом поле куст за кустом стоит нигилист

лирический герой

есть версия что я вообще машина
не сущность неделимая а две
и существо нездешнего пошиба
тоскует в автономной голове

оно лишь персонаж в своем рассказе
следит за истеченьем по часам
а все причинно-следственные связи
мешок с костями соблюдает сам

так силится актер на киноленте
постичь судьбу что публике видна
и подглядеть у тела в документе
кто он такой и в чем его вина

так и живешь с непостижимой целью
но звездная над миром гаснет гроздь
и покидает черепную келью
невидимый из кинозала гость

машины совершат свои обряды
им эти сны снаружи не видны
но нет ни наказанья ни награды
раз не было заслуги и вины

ἔλεγχος

сократ полагал что спасает не вера а знание
служить ему честно себе он поставил задание

поэтому жизнь посвятил просветительским миссиям
и лясы в палестрах точил то с кратилом то с лисием

смекалкой себе репутацию справил высокую
дельфийский оракул и тот полагал его докою

его ли вина что тупые по факту афиняне
ума отличить не умели от козьего вымени

когда он в неправом суде препирался с кретинами
не сильно приспел ему лисий со всеми кратилами

ушел без гроша а трудился за хлебную корочку
ни денежек деткам ни пеплоса бабе в оборочку

тягаться ли нам что живем у скончания времени
с их древними греками или самими евреями

попробуй в окрестностях потьмы торжка и саратова
малейшую пользу извлечь из наследства сократова

в бревенчатом срубе за мкадом сиротствуя где-то там
постичь добродетель его ироническим методом

я сам в своих сузах акафист с аористом путаю
склоняя чело над прощальным стаканом с цикутою

теэтет

в это стертое напрочь с жесткого диска лето
был от люды одной с воровского без ума я
и читал взахлеб довоенного теэтета
ну ни строчки в нем ни словечка не понимая
изнурял мозги трепеща в ожиданье чуда
что мол дескать когда одолею премудрость все же
за духовный подвиг даст мне любая люда
как светилу ума да и всякая света тоже
это к слову пришлось ни ногой не совался к свете
все для люды единой ни мысли тогда о вале
и не то чтобы свет там клином на теэтете
но попроще в открытом доступе не давали
с той поры к ледяным сердцам заросла дорога
теэтет хоть и стал пояснее но ненамного

а когда с воровского люда повышла замуж
и познала изнанку мира в экстазе в поте ль
и с платоном и с девками я управлялся сам уж
а потом появилась ты наступил аристотель
я упрямо пытался встать на сторону света
на дорогу правды сквитаться с рекордным счетом
при посредстве ceteribus paribus теэтета
никомаховой этики и уж чего еще там
почему ощущения не умножают знаний
а суждения лишь добавляют уму работы
или как ты тогда ухитрилась поймать нас с таней
и куда ты ушла и вообще не припомню кто ты
с кантом все у меня выходило на диво гладко
теэтет же ну вот ведь блядь по сей день загадка

невелик мой день занимается ночь темнея
все длиннее тени на дальней стене подвала
перед тем как померкнет свет возьмусь за тимея
чтобы хоть голова понапрасну не пропадала
или вот на что я очень надеюсь тайно
что еще до ухода возьму одолею куайна
я там не был лет десять памяти и в глазах нет
только в бывшей весне нацедил старожилу виски
никакой уже людой конечно нигде не пахнет
единички с ноликами на жестком диске
на толкучке вдруг в адидасах философ ямвлих
отставной козы продавец молодильных яблок
и живой воды не без запаха перегара
но ларек на замке перекрыли подвоз товара

noli me tangere

в том другом краю где ведет европа
счет взаимным пагубам и обидам
был я геном молотова-риббентропа
по весне всходил инвазивным видом
хоть земля по росту пришлась едва мне
в головах катынь а в ногах едвабне

что за крюк ни выдумай не объеду
всюду без зазрения и утайки
каждый год справляют по мне победу
заводные вскачь запускают танки
день в упор разящих и насмерть бивших
всех моих отечеств и родин бывших

что тебе ни дембель с утра в строю ты
не отвоют бабы так псы отлают
от катыни залпы видать салюты
и в едвабне зарево знать гуляют
полстакана русским остаток немцам
позади норлаг впереди освенцим

хоть самим в усладу повадка эта
срам перед космическими гостями
как возьмешься праздновать день скелета
так и прозвенишь на весь мир костями
выползешь в пустыне из танка тупо
моего хотя бы не трогай трупа

менон

я жил в одной вселенной я там был
подпольным иммигрантом без мандата
прокариотом в допотопный ил
и аксолотлем посуху когда-то
так долгой ночью в поезде во сне
таишься чтоб соседи не узнали
к сопенью притираясь и возне
но вдруг разъезд и ты один с узлами

я нынче мальчик и служу рабом
хоть и невежествен как сущий пень я
в квадрате без зазрения любом
определяю площадь удвоенья
пусть в карцере промозглом на цепи
но вот галлюцинация однако
в мозги вонзается значенье π
до несказуемого звуком знака

что значит мальчик почему со мной
в сознании отсеки невесомы
откуда в неизвестности земной
боль ампутированной хромосомы
кого я тискал недоросль в кино
в каком раю у памяти в пробеле
я был влюблен и вспомнить бы в кого
не в геометрию же в самом деле

душа неконвертируемый грош
сортирный раб и нобелевский гений
в дорогу одинаково берешь

слепой комплект констант и уравнений
фонарь над расписанием едва
узлы в грязи за станционной грядкой
разъезд встречает риском и загадкой
а ты его паролем дважды два

просто воздух

стережет жильца разлука
будь он в холке хоть с телка
разбиваются от стука
все предметы из стекла

а железные предметы
если с виду и тверды
тоже горькие примеры
неустройства и беды

оставляй усадьбу сыну
пламя выскоблит дотла
где найти такую силу
чтобы твердая была

для чего имеют люди
если ужас и война
сердце стремное из ртути
слишком мягкая она

кучер в сумерки на козлах
хрустнет грусть под колесом
остальное просто воздух
только воздух невесом

* * *

в последней тьме мне станут сниться
едва умолкнет плач и смех
незабываемые лица
людей любимых этих всех

напрасны скороварки ада
в раю не выдержу ни дня
вины и милости не надо
когда простят они меня

и если завтра в небе низком
померкнут солнце и луна
хотелось бы уйти со списком
долгов уплаченных сполна

никто в запястья не вбивает
гвоздей свирепой толщины
где нелюбимых не бывает
и все взаимно прощены

на кой нам ангелы и черти
вы за чертой их сил и стрел
кого любил сильнее смерти
и все которых не успел

после смены

прикрою глаза и в прихожей они
гурьбой претенденты загробной родни
соседка с площадки с узлами белья
профорг из редакции бывший
в разбитых кроссовках болгарин илья
мне бейсик в извилины вбивший
старуха с вернадского в нимбе седин
червонцы взимавшая к сроку
и в челке едва различимый один
всегда с беломором и сбоку
кого только вспомнить из них не дано
из ветхой системы изъятых давно

летели столетия как рысаки
деревья шумели вовсю высоки
и я возомнивший что это навек
бряцал вразумительной речью
хотя лишь с натяжкой я был человек
и шкуру носил человечью
в песочных часах утонула страна
на башне пружина строптива
и шкура послушно на вахте сдана
и списана челюсть с актива
но черепу честно прикрою глаза
он видит что видит ослепнуть нельзя

я малое тело я снова дитя
меня ураган поднимает вертя
а был на земле своеволен и глуп
ристал как в курятнике птица

98

зубрил самоучкой теорию групп
в расчете что впредь пригодится
вот так и являются группой с тех пор
забыли дорогу обратно
и этот который всегда беломор
гармошкой сминал аккуратно
мою непогасшую память виня
как будто во мне опознали меня

знакомые бельма и патлы бород
зачем ты покинул мой утлый народ
площадку где всех незадача свела
гимнастку гламурную в классе
врача из сибирского в соснах села
механика с козима-штрассе
смотри как просторно пространство без нас
скули себе пасынок сучий
в повторный душа не рождается раз
душа одноразовый случай
ни в гости с бутылкой ни друга обнять
и череп глаза прикрывает опять

возвращение

нечаянной личности вечность видна
откуда в прореху текут времена
везувий вздохнет или этна
вот рай тараканов чистилище мух
последних моделей особенно двух
неважно которых конкретно

весь воздух проворен от их суеты
но есть покрупнее в проекте скоты
козел например чтобы мекал
и жвачные тоже для нужд рождества
которое праздник всего вещества
не только отдельных молекул

кончается праздник и ночи черны
исчадье невиданной величины
свою покидает обитель
базальтов на ощупь и ликом лилов
он бог тараканов вожатый козлов
и временных мух повелитель

и мы поклонившись в колени ему
ведем насекомых несметную тьму
к исходным константам обратно
в дыру вековую под грохот кайла
где праздник пропал где любовь умерла
и лишь вещество необъятно

* * *

на подступах к темной победе
не сыщешь уловки помочь
живущим еще на планете
короткой как летняя ночь

в последний ли раз спохватиться
тебе у окошка душа
тому как за облако птица
последнего рейса ушла

когтистые лапы разлука
простерла на скудный уют
пока на окраине звука
часы окаянные бьют

всплеснуть вспоминая руками
где смысл вещества погребен
как с майскими дружно жуками
мы жили в одно из времен

подземную выплеснув радость
держа под гипнозом закат
в семнадцатый от роду август
алели глаза у цикад

отныне и помнить напрасно
сквозь певчую горечь глотка
как лето цикадам прекрасно
и ночь для любви коротка

прогулка под землей

однажды я поехал на метро
где после тяжкой смены полуживы
как на холсте козявки у миро
вечерние торчали пассажиры

я полагал себя одним из них
в ту пору был от жизни без ума я
гордясь своей премудростью из книг
как раз ее за ум и принимая

но тут внезапно в голову пришло
что для ученого не место спора
наоборот и вовсе не смешно
они ведь все умрут довольно скоро

я их жалел и в каждом видеть мог
сквозь кожу очертания скелета
чьей участи отчетливый дымок
вслед выдыхала смерть из пистолета

все с той поры случилось что могло
оплаченные истекают сроки
нас вовремя нарисовал миро
так мы неправильны и одиноки

стекающая с книжных полок тьма
весь инвентарь лишь борона да грабли
состав стоит и больше нет ума
но он и так бы пригодился вряд ли

среди своих

наутро встал и сразу вспомнил всех
пустые ссоры заскорузлый смех
на ждановском где барылюк и ткаля
он был тогда с клюкой как я теперь
шмели снижались к вермуту не жаля
и линзы глаз от градусов теплей

смотрите вот он я среди своих
стохастика свиданий быстрый стих
поблажки ноль прохожим если в пасти
коньяк местами польское кино
в довженко или встреча в старой части
как жалко нас как мы уже давно

пунктиром ткаля и его клюка
прозрачен силуэт барылюка
последнего июля не снесли мы
свет обесточен перепись пуста
как звезды в небесах неисчислимы
совместного отсутствия места

наутро память в ужасе свежа
как алик мурач падал с этажа
как снизу с визгом надвигалась осень
или вообще в мозгу полет шмеля
но музыкант на полутакте бросил
беззубым зевом звуки шевеля

тигры и зебры

саркома или заворот кишок
чего врачи в диагнозе наврали
она его засунула в мешок
и повезла закапывать в овраге

он сетовал что вот недожил дня
был хоть и мертвый весь но сильно грустный
и вспоминал как в поиске родня
совала нос под каждый лист капустный

нашла и познакомила с людьми
потом тропа тревог дорога к храму
но вот отныне ноль ему любви
от той что роет под рябиной яму

вся жизнь была как мутное стекло
он хрена бы когда б не этот случай
сообразил я значит вот он кто
меня зарыть везут в овраг вонючий

не эту ли он полагал женой
и если мысль посмертно озарила
он кротко ждал надеясь что живой
но все-таки она его зарыла

он там лежал и бесполезно гнил
весь целиком уйдя на корм микробам
и мир что был ему загробно мил
не снисходил к прозревшему за гробом

где человек хоть чукча или серб
отброс своей недолговечной расы
и только тигров призраки и зебр
пестры как разноцветные матрасы

орбитальное

осилив карпаты налево взгляни
там штабелем сложены прежние дни
направо шеренга непрожитых дней
где видимость счастья не исключена
но их не становится список длинней
их с каждым рассветом короче длина

направо по курсу хребет гиндукуш
в нем выдолблен склад отработанных душ
там ощупью мертвые липнут к стене
ни глаз ни ушей не позволено здесь
в последнем своем неразгаданном сне
наш личный состав собирается весь

налево одетые льдом острова
где мы до рождения жили сперва
там кварцу сродни или темной слюде
набор иссякающий нравов и рас
все меньше состав соискателей где
мы жили когда еще не было нас

а прямо бескрайняя ляжет вода
которой от времени мало вреда
как небо над нею она глубока
туман над пучиной клубится седой
и все что в гранит не впаяло пока
имеет возможность остаться водой

проблема катарсиса

к середине последнего акта
как ледник на глазах катаракта
отчего и в мозгу не светлей
гимнастерка торчком от соплей
блещет в зеве последняя фикса
и с лица отвратительный тип
вот отгадка истории сфинкса
где едва не споткнулся эдип

ты ли паркам заказывал драму
причаститься последнему сраму
малышом заходя в этот зал
петушка еще вспомни лизал
повторяем уроки софокла
тренируя на склоне клюку
вся тесьма на кальсонах намокла
да уроки не впрок дураку

если сфинкс на мослы не польстится
все равно остается проститься
штопор клизмы в заду унося
доброй ночи вселенная вся
эти звездочки черточки точки
подразнили и выгнали вон
плачет мама в фиванском садочке
эсэмеску вбивает в айфон

руководство к эксплуатации

глубоко на дне морском
время спрятано куском
чьей назначено судьбе
тот и хвать его себе
камуфляжной и овальной
шлемом сплющенным в войну
плоской камбалой кабальной
прихуячено ко дну
хрясь по кабелю и вот
жалко руку оторвет

это внутреннее время
не такое как вокруг
тускло светится не грея
спит в кармане задних брюк
там сквозь дырочку видна
есть вселенная одна
сверху небо в рыбьем ворсе
спрут под сбруей у ворот
кто не существует вовсе
тот ни разу не умрет
чей черед дождаться чуда
без руки довольно худо
поначалу но и с ней
жить значительно трудней

со второй такой попытки
жизнь усопшим не страшна
батарея для подпитки
той которая прошла

вьется шнур в заду коротком
есть резьба под подбородком
мир и слава на руси
полсекунды откуси
вон рубильник для отруба
двести двадцать вольт в сети
не перегорай голуба
думай лампочка свети

смена конфигурации

доперло вдруг мы здесь в конце похода
в угрюмые отогнаны поля
ленивой слизью кашляет погода
узнав что ей закончиться пора
вся твердь над тыквой вывернута тылом
земные жвала развело в зевке
и говорит светило со светилом
на неизвестном мозгу языке

портвейны в парке кошечки цветочки
отколосились лирике хана
псом на вмурованной в скалу цепочке
душа скулит на поприще одна
в окне фалангами колдует пряха
не оставляя в воздухе следа
но в памяти насквозь волокна страха
асбест забвенья сланец и слюда

луна еще надысь на ветке пела
но ветер очертания сместил
стирая ластиком периметр тела
растений минералов и светил
еще душа куда любовь как шило
где меркнет кровь ее прокола но
что прежде мозгом жителю служило
с бессильным языком разведено

помедлим на поверхности и канем
в подкожный жир у всякого своя
инструкция как оставаться камнем

из атомов инертных состоя
мы вышли из шинели мойдодыра
но тетя мойра с прялкой у окна
безлюдны улицы пуста квартира
нас было много истина одна

экстерриториальное

назавтра отставили все остальные рейсы
снесли на путях провода разобрали рельсы
сидишь в накопителе весь очумев от счастья
что некуда больше лететь и вновь возвращаться

но время осталось и крутится восемь девять
одиннадцать сорок вчера намечали чартер
и с тиканьем этим пока ничего не поделать
ищите где там у времени выключатель

а только бы храповику соскочить с оси
зависнет печальный сверчок на высоком си
в косую полоску стекло где потоп готов
и крик перечеркнут в гортанях совместных ртов

я знаю с кем и куда ты ушла вчера
не больно вы были в маневре своем хитры
но здесь между всем и ничем пролегла черта
и я словно эдвард сноуден вне игры

занятие праздному мозгу теперь одно
за лацкан себя самого и с ним говори
но дождь не оближет взлетное полотно
и брус целиком стальной внутри головы

ГОСТЬ

он навестил в июльскую жару
навеселе с бейсболкой полной вишен
на пальцах вычислил где я живу
и позвонил но я к нему не вышел

меня там больше не было тогда
там поселился перегретый ветер
и пыль а сквозь него текла орда
других людей но в этих он не верил

в его глазах страна была пуста
слепой шаблон сезонов и погоды
и он вернулся в прежние места
где сам опередил меня на годы

он снова встал на отведенный пост
на высвеченном вечностью манеже
и виден мне с бейсболкой полной звезд
которые у нас в стране все реже

точка отсчета

вот сижу я светло-серенький такой
свесив хвостик в час рассвета над рекой

чутким рыльцем меж кувшинок повожу
рыбку выхвачу и рядом положу

здесь на зорьке благодать у нас в логу
часто в речке отражаюсь как могу

и любуюсь до чего же я неплох
из подшерстка выковыривая блох

изумляюсь до чего же я хорош
то клеща прибью то выщипаю вошь

а за плесом где пошире берега
есть большое гнездовище у врага

чуть померкнет очертание луны
там двуногие проснутся ходуны

взгромоздятся на четыре колеса
расползутся в наши рощи и леса

но лесная философия проста
веры ноль тому кто лыс и без хвоста

ни на грош в таком животном красоты
хоть бы и млекопитающее ты

покуражатся однако и уйдут
в свой убийственный попятятся уют

там полакомятся ими от души
их железные и бронзовые вши

не для тех теченье туч и россыпь звезд
кто клыками не владеет и бесхвост

широкополосная элегия

больше бы стало света в мире угрюмом
если бы кант вступил в переписку с юмом
не возместить истраченных зря мгновений
издали звук нераздавшихся слов не слышен
рано увы рассиялся шотландский гений
прусский напротив поздно из спячки вышел

я вот к примеру днями в фейсбуке маюсь
жизнь доживая в каком-нибудь квинсе сраном
лайков отсыплю тому кто польстит хоть малость
троллям же и мудакам отвечаю баном
только назавтра мой жест ничего не значит
подозреваю что вечность по мне не плачет

что-то в подобном досуге уму немило
трата последних нейронов на чтение ленты
канта бы мне во френды иммануила
юма бы мне давида в корреспонденты
жадно следить куда вынесет их кривая
слушать запоем пасти не открывая

солнце с луной нечасто сияют вместе
жаль что у них не вышло назад лет двести
у православных френдов все о боге дума
отбушевал ваш бог или шибко занят
юма спросил бы да нет никакого юма
кто же нас всех мудаков придет и разбанит

порицание книжной премудрости

о жизни я читал немало книг
но разница порою до скандала
в реальной был всегда заметный сдвиг
с придуманной она не совпадала

пока бумажный разберешь завал
забудешь напрочь что морковь отрава
а то что автор верхом называл
я находил привычно сбоку справа

где в книгах упомянуто что ввысь
стремятся псы пьянея от полета
где семихвостый зверь еноторысь
на нерест прущий в ртутные болота

возьми опарышей в глазном жиру
я ими рад позавтракать не скрою
и убежден что я не в той живу
из жизней что предписана герою

писатели перепились чернил
им в зуб гетеродин вживил маркони
как хорошо что бог меня хранил
на кабельтов не подпустив к моркови

ты вот что мне пожалуйста скажи
лауреат больших стокгольмских денег
не срам ли из пристрастия ко лжи
вводить в соблазн людей и малых деток

гром грянет и они прозреют вмиг
как я уже в моей норе саманной
глазеющий на пепелище книг
на стаю псов парящих над саванной

дорога в чермашню

создатель придумал птенцов и котят
в тогдашней решимости твердой
теперь эти кошечки птичек едят
кровавой осклабившись мордой

он лучше бы дизельный вставил движок
соляркой богата округа
но пищеварительный орган отжог
и мы поедаем друг друга

шуршат по утрам котофеи листвой
под кронами лип или вязов
но верю что есть и меж кошками свой
хвостатый иван карамазов

под небом где вызрела звездная кисть
он знает кто в мире обидчик
и братца подучит папашу загрызть
за то что он мучает птичек

но истинной правды что вепрь что нарвал
дождутся при жизни едва ли
а что обкурившись исайя наврал
на то и травой торговали

накинутся вмиг с простынями и вот
глаза от сородичей пряча
на койке с уколом покоится кот
в обители скорби и плача

забывший добычу отвергший улов
коль совести кровь не под силу
он свой неразменный на сотню щеглов
билет возвращает кассиру

* * *

средоточие ночей
случай умысла ловчей
получился человечек
перечеркнутый ничей

или черное стекло
мелким дождиком секло
там где ножки черенками
хоть и узко но светло

время видимость реки
берега его крепки
непредвиденная участь
проступила вопреки

пыль струящихся гардин
в черном домике один
иногда такая особь
доживает до седин

солнце пряник месяц кнут
плеск оставшихся минут
потерпи одну-другую
и тебя перечеркнут

* * *

Я поведу тебя в музей...

С. Михалков

над парком возле семьдесят второй
где облака воздвигнуты горой
струится ястребиная охота
там челноками судьбы сведены
восторги фрика с этой стороны
а с той с запекшимся клеймом дакота

невидимая в космосе рука
основу с траекторией утка
свела и свод глазниц одела в иней
в хрусталь снежинки нарядив слезу
у жителя прохожего внизу
рябит в уме от поперечных линий

на всякую полевку или злак
есть отрицательный в запасе знак
чей уроженец подлежит обмену
и в расписной ладье припас харон
на всякого вермеера патрон
на каждую утрату по гогену

как ястреб ради горлицы своей
ныряет сердце в недра всех скорбей
ища анальный вход по контрамарке
ты ясеневый на весу листок
решай на запад или на восток
не вечно же нам оставаться в парке

задача о пешеходе

от родительских потемок
из далекой стороны
шел пешком один ребенок
на веревочке штаны

сам себе он пригодился
быстрой жизнью одержим
он умышленно родился
чтобы тоже быть живым

ходит маленький скиталец
не сворачивая вспять
или даже он китаец
только как им можно стать

лягушат пугает в луже
воду пьет и ест еду
в целом жизнь длинней и хуже
чем мерещилось ему

из событий понемножку
лишь небесные тела
сочинить мне что ли кошку
чтобы тоже с ним была

жиже свет и звук не слышен
где резон идти вперед
кто пешком из детства вышел
так ребенком и умрет

небеса полны печали
солнцу с дерева не слезть
если вы его встречали
значит это он и есть

ночная симметрия

под утро каренину снится
что в принципе он паровоз
и как ему с толку не сбиться
упершись в такой парадокс
на анну сопящую рядом
на пара астральный полет
глядит электрическим взглядом
протяжный сигнал подает

луна над генштабом лучиста
васильевский быстр как нарвал
он к доблестям кавалериста
напрасно ее ревновал
писали что в сербии помер
а здесь предвкушенье внучат
от тихого счастья меж ребер
колеса на стыках стучат

и снится в пути паровозу
как язву забыв и цистит
он принял придворную позу
и орденом новым блестит
над ним меж светящихся точек
натянута ночь тетивой
и тело наутро обходчик
на рельсах найдет путевой

* * *

искусство соблюдать приличия
теперь предписано везде
и даже манию величия
держать приходится в узде

скрывать бесчисленные доблести
задор маскировать хитро
хотя в любой на выбор области
заслуг имеется ведро

попрятав зеркала для верности
от всякой встретившейся мне
отполированной поверхности
держусь нарочно в стороне

а где устроят встречу гения
с бадьями водки и борща
теряюсь от недоумения
как бы виновника ища

но сам-то знаю что в основе я
куда как качеством неплох
кумир великого сословия
бацилл и повелитель блох

письмо с фронта

с соней в червленом поле вымпел над нами
до ветру сбегать и то почитай победа
тысячи суток киснут мослы в канаве
все как один персонажи чужого бреда
снимся фантому чью осаждаем крепость
я ли не предупреждал что война нелепость

нервы канаты волю сравню со сталью
пишешь из рва зазнобе помешкай годик
с песней вернусь в село и с порога вставлю
кучу заочных здесь изучил методик
мучая ночью орган каким природа
нас одарила для продолженья рода

молча сражаемся ни матерка ни чиха
тряпкой обито ведро и ворот колодца
нужно держать осаду предельно тихо
выдержка прахом пойдет если он проснется
крепость сидит на горе как на яйцах птица
солнце примерзло к небу не шевелится

только и ждешь от сержанта подвоха сзади
даром брюхаты все суслики и вороны
должен же быть хоть какой-то исход осаде
но ни броска на бруствер ни обороны
пишут далеким дролям сомнений чужды
тупо бисквиты жуя и справляя нужды

слабое место скорее не зад а лица
весь их набор как от мордобоя синих

видно по всем что смертельно устали сниться
но прекратить лишь в его а не в наших силах
только под горн побудки и вспомним кто мы
спящие до одного как и он фантомы

Происхождение синтаксиса

И сказал ему: вот, я покажу тебе всю бездну богатства, открою великую тайну изобилия, и да рассеются отныне твои сомнения.

И сказав, сам поклонился и ступил в сторону, а из-за пыльных столбов донесся свист бичей и гиканье погонщиков.

И предстал видящему караван верблюдов, белых как горный снег, и каждый из верблюдов имел на себе драгоценную уздечку, шитую червонным золотом, а по бокам тюки, доверху набитые урюком, по восемь мер отборного урюка в каждом, по два тюка на каждом верблюде.

И простирался этот караван сколько видит глаз, от края и до края пустыни, от горизонта и до горизонта, и конца ему не было.

И еще увидел он по бокам каравана вереницу рабов оплетенных мускулами, тугими, словно конопляные канаты, и роскошно изубранных, и каждый нес свой тюк с урюком, до полутора мер отборного урюка в каждом, а в руках они держали по серебряному блюду с урюком.

И тогда рассеялись сомнения видящего, но разум его помутился. И сорвал он с себя парчовую камилавку, швырнул ее наземь и стал топтать ее, и закружился, и упал замертво.

И тогда стали стекаться в эту землю все родственники усопшего, и друзья родственников, и рабы друзей, и родня этих рабов, ибо прослышали они, что урюка хватит на всех.

И ели они урюк денно и нощно, и откладывали в запас, а потом ели запас и часть откладывали в новый, чтобы не иметь нужды, а когда доели и этот, поклялись страшной клятвой никогда не забывать о чуде изобилия, свидетелями которого им довелось быть.

И в память о том событии, с тех самых пор и до настоящего времени жители той земли и их родственники, и друзья этих родственников, и рабы друзей, и родня этих рабов всякое предложение своей речи неизменно начинают со слова «и».

адресат поневоле

но дряхлей и старинней всего
представал если прочего мало
дом без двери у въезда в село
то есть там где село пустовало
то есть не было в нем ни души
даже ближнего кладбища тише
а из луж на полу камыши
пробивались сквозь бывшие крыши

помнишь праздник цветы и толпа
увертюра с литаврами в зале
кем ты был в этой пестрой тогда
полуяви и как тебя звали
не упомнишь конечно прости
медью вымысла спаянный с теми
кто растил себе плоть на кости
а с тех пор просто искры в системе

ты прошел всю постройку насквозь
воздух тверже чем стены бы если
там письмо в четвертушку нашлось
на просевшем за давностью кресле
может почерк и был не весьма
моль и ржа все равно не спросила
только серая тень от письма
только первое слово спасибо

но однако спасибо за что
и к кому обращаться с ответом
если в копоти сердце зашло

над пожухшим и выцветшим светом
октября пожилого желтей
с неживым экипажем похоже
в нем плохих не осталось людей
но и добрых не водится тоже

уж не сам ли ты весь адресат
возвращенец в реал или в сочи
в мир который от дней полосат
в промежутках теснящейся ночи
в сетке звездных нарывов и ран
высоко над пустыми лесами
если первое слово обман
а последнего не дописали

СОДЕРЖАНИЕ

«там ящерицы в точности как мы...» 7

xix 8

гиббон 9

похороны государственного значения 11

элегия с башней и птицей 13

смерть бахметьева 15

элегия о раковине 17

четвертая причина 18

заклинание музы 20

анально-ретентивный вальс 22

«я был тогда живое существо...» 24

«а васильки говорит чем они лучше ромашек...» 25

теория восприятия 26

перепонка 27

«когда я окажусь кем был сначала...» 29

«он был бы автор песен и элегий...» 30

«объясни питомец птица...» 31

отсрочка 32

когда темно 34

окказионалистическая лирическая 35

элегия о плюшевом медведе 36

«к чьим ландшафтам душа пристрастна...» 37

«пусть это будет старый новый год...» 38

поучение другу 40

ктесифон 41

прогноз погоды 43

разоблачение 44

жизнь и судьба 45

время вперед 46

«однажды в проем продвигая дверной...».............................. 48

конспект ангины... 49

стансы с коротким периодом полураспада........................ 50

«он рассказал что там у них внизу...» 51

«в этой местности мозга...» 52

офорт... 53

певцы... 54

верея.. 56

«которая сперва стояла слева...» 58

песня тоски по родине.. 59

холодильник.. 61

репортаж с титаника... 62

искупление... 63

«дома в офисе на даче...»... 65

«гераклит лежит на пляже...».. 67

«в тучах песенка грача...» 69

морская прогулка... 71

юбилейное.. 73

духовная стезя 75

досмотр.. 76

автоэпитафия 78

элегия о воде 79

qualia... 81

закат империи... 83

батарея.. 84

рассуждение о методе 85

царская прогулка 87

лирический герой... 89

ἔλεγχος.. 90

теэтет... 91

noli me tangere.. 93

менон... 94

просто воздух 96

«в последней тьме мне станут сниться...» 97

после смены 98

возвращение 100

«на подступах к темной победе...» 101

прогулка под землей 102

среди своих 103

тигры и зебры 104

орбитальное 106

проблема катарсиса 107

руководство к эксплуатации 108

смена конфигурации 110

экстерриториальное 112

гость 113

точка отсчета 114

широкополосная элегия 116

порицание книжной премудрости 117

дорога в чермашню 119

средоточие ночей 121

«над парком возле семьдесят второй...» 122

задача о пешеходе 123

ночная симметрия 125

«искусство соблюдать приличия...» 126

письмо с фронта 127

Происхождение синтаксиса 129

адресат поневоле 131

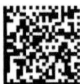

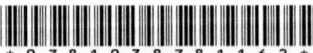